MÉMOIRE

DE M. ROBERT OWEN

DE NEW LANARK, EN ÉCOSSE,

ADRESSÉ

AUX SOUVERAINS ALLIÉS,

ASSEMBLÉS A AIX-LA-CHAPELLE,

Dans l'intérêt des Classes ouvrières, etc., etc.

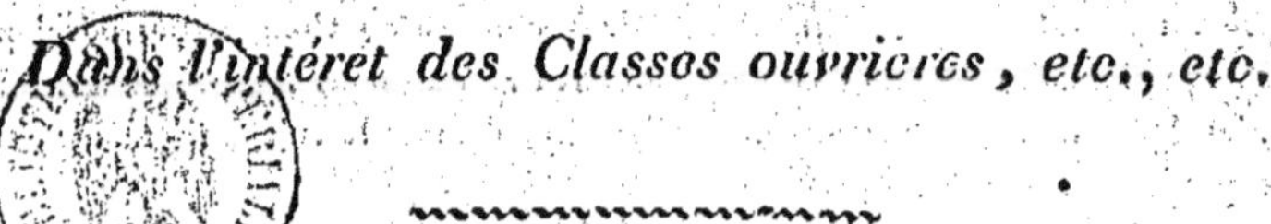

J'AI adressé à plusieurs Gouvernemens de l'Europe et de l'Amérique un Mémoire sur des objets du plus haut intérêt pour le bien-être de tous les rangs dans la population de leurs États.

Je dois saisir les occasions les plus promptes et les plus favorables pour le faire connaître à tous les autres Gouvernemens.

Ce premier Mémoire (1) était un préliminaire destiné à appeller l'attention de tous les Gouvernemens des Peuples civilisés :

1°. Sur les effets extraordinaires qui résultent de l'introduction des moteurs perfectionnés, par les progrès des sciences, dans les manufactures de l'Europe et de l'Amérique ; introduction qui a déjà matériellement influé sur la valeur du travail manuel, sur la santé, la situation et le bonheur des classes ouvrières ;

---

(1) Il a été imprimé à Francfort sur le *Mein*, en Allemand, en Français et en Anglais, et présenté à S. Exc. lord Castlereagh, etc., etc., etc., pour être communiqué officiellement aux Puissances alliées.

2°. Sur l'influence progressive que l'expérience doit avoir maintenant sur l'état social, pour la génération qui se développe, afin de l'élever conformément aux circonstances nouvelles qui l'entourent dès l'enfance et pour lui donner le caractère le plus convenable à son bonheur, à l'intérêt et à l'avantage actuel des Communautés sociales auxquelles elle doit appartenir.

J'ai déclaré l'intention où je suis de développer tous les détails de ma propre expérience sur ces importans objets, pour l'avantage des Gouvernemens auxquels je me suis adressé.

Mais comme les délibérations des Gouvernemens sont nécessairement lentes, et que les peuples sont chaque jour victimes des effets fâcheux de l'influence mal dirigée de ce nouveau pouvoir productif de travail, ainsi que des systèmes mal entendus dans l'éducation et la discipline de l'enfance et surtout des enfans du pauvre, j'ai cru qu'il était de mon devoir, pour faciliter à accélérer l'exécution de l'objet que les Puissances alliées doivent avoir le plus à cœur et auquel leur propre intérêt est si essentiellement lié, de soumettre au Congrès des développemens préliminaires sur les résultats généraux indiqués dans l'Appendix de mon premier Mémoire, qui se divise naturellement, comme le sujet lui-même, en trois parties principales.

PREMIÈRE PARTIE.

Le premier grand résultat de cet état de choses est celui-ci :

« Que l'époque est arrivée où se manifestent évidemment les moyens par lesquels, sans force, sans fraude d'aucun genre, les richesses peuvent être créées avec une telle abondance, et si avantageusement pour tous, que les besoins et les désirs de chaque individu de l'espèce humaine peuvent être plus que satisfaits. ».

DÉVELOPPEMENS PRÉLIMINAIRES DE CE RÉSULTAT.

La preuve générale de cette assertion peut être déduite de changemens qui ont eu lieu dans l'Empire britannique, dans le dernier quart du siècle, ou depuis l'introduction des machines perfectionnées de MM. Watt et Arkwright, d'abord dans les manufactures de la Grande-Bretagne, et ensuite dans celles des autres contrées.

Au commencement de cette période, la partie de la population d'Angleterre qui était employée à l'agriculture, était plus grande que celle employée aux manufactures, et il est vraisemblable que les habitans des Iles Britanniques avaient obtenu alors un plus grand degré de prospérité que celui dont ils avaient joui auparavant, ou dont ils ont joui depuis. La cause de ce fait important se manifeste d'elle-même.

Le nouveau système des manufactures avait alors atteint ce degré de développement où le travail manuel avait la plus grande valeur, comparativement aux prix des objets de première nécessité et des jouissances de la vie, en calculant cette valeur telle qu'elle devait être pour les procurer : mais ce système n'avait pas produit encore alors les fâcheux effets qui se sont manifestés bientôt après.

A l'époque que j'ai indiquée, la puissance de l'ensemble des travaux manuels perfectionnés par les sciences était suffisante dans la Grande-Bretagne pour créer un degré de prospérité qui plaçait la population entière dans un état d'aisance au moins égal, s'il n'était supérieur, à celui des habitans d'aucune autre partie du monde. La valeur des fonds publics était plus élevée en 1792 qu'à aucune autre période, et le nombre des pauvres était très-limité.

Le pouvoir productif qui avait créé ce haut degré de prospérité consistait dans un travail manuel mécanique, dirigé par le flambeau des sciences, dont la puissance s'était lentement et successivement accrue.

Le travail manuel était particulièrement fait par des hommes qui n'étaient point encore aidés par l'emploi prématuré des enfans. La masse totale de ce travail pouvait en 1792 être estimée au quart de la population qui, à cette époque, était d'environ 15 millions.

Le degré de force donné au pouvoir manuel, par l'influence des sciences mécaniques, pouvait alors être estimé à trois fois celui du travail purement manuel, et dans ce cas, ce travail étant estimé au quart de la population, peut être évalué à celui de . . . . 3,750,000 hommes.

Celui dérivé de l'influence des sciences mécaniques au travail de. . . . . 11,250,000 hommes.

Ce qui formait un total de travail égal à celui de la population entière, ou de . . . . 15,000,000 hommes

Ainsi alors la population et les pouvoirs réunis de travail productif étaient en équilibre, ou comme un à un.

Mais depuis, l'invention et l'emploi des machines à vapeur perfectionnées, des machines à filer et de cette infinie variété d'inventions auxquelles ces perfectionnemens ont donné naissance, et qui ont été appliquées à tous les objets d'utilité ou d'agrément de la vie, ont produit un changement dans les pouvoirs productifs de l'Angleterre, dont le résultat extraordinaire est immense.

Le travail manuel s'est accru en réunissant à son action le travail continuel et journalier des femmes et des enfans dans les manufactures, et ainsi sa masse totale peut être maintenant évaluée au travail du tiers de la population qui, en 1817, était d'environ 18,000,000. Dans vingt-cinq ans elle s'est accrue de 3,000,000.

Mais depuis, l'introduction des machines perfectionnées d'Arkwight et Watt a porté une addition réelle au pouvoir de créer des richesses, et l'a égalé à celui de 200 millions de travailleurs actifs et bien exercés ou de plus de *dix fois* la population actuelle des îles britanniques, ou à plus de *trente fois* le simple travail appliqué autrefois à la production de nos richesses.

Les changemens suivans se sont donc opérés depuis 1792 jusqu'à 1817.

La population s'est accrue de 15 à. . . . . 18,000,000 hommes.

Le travail manuel du quart de 15,000,000 au tiers de 18,000,000 . . . . 6,000,000 hommes.

Le nouveau pouvoir créé par l'application des sciences et du génie peut être estimé au moins égal au travail de. . . . . 200,000,000 hommes.

Le pouvoir produit déjà par l'application des sciences et du génie, en 1792, était évalué alors à trois fois le simple travail manuel, ou à celui de . . . . . . 11,250,000 hommes.

Ce qui porte le total réuni du travail produisant des richesses, en 1817, égal au travail de . . . . 217,250,000 hommes.

On en proportion de la population de 1817, comme 12 et une fraction à 1.

Il suit de là que la Grande-Bretagne a ainsi acquis, par l'application des sciences au travail, dans l'espace de vingt-cinq ans, une nouvelle addition de pouvoir qui la met en état d'accroître annuellement ses richesses douze fois plus qu'elle n'en avait le pouvoir avant cette période ; accroissement immense qu'elle peut ou dépenser par la guerre, ou dissiper par un commerce étranger sans bénéfice pour elle, ou employer directement à perfectionner et à améliorer sa population.

(5)

Cet accroissement énorme des pouvoirs productifs de la Grande-Bretagne est cependant faible, comparé à celui qu'elle peut acquérir encore.

Elle a aujourd'hui, avec ses capitaux et son industrie, sans emploi, ou mal employés, un moyen suffisant pour créer annuellement une addition à son pouvoir productif, qui excéderait de beaucoup dans ses effets le produit actuel de son travail manuel.

Déjà avec une population de 20,000,000 dont le pouvoir pour créer des richesses n'est que celui de 6,000,000 d'individus, avec l'aide des nouveaux moyens productifs que l'Angleterre a acquis, quoique mal dirigés par d'aveugles intérêts particuliers, elle fournit à ses propres besoins et elle remplit avec les produits de ses manufactures tous les marchés du monde où son commerce est admis ; elle fait maintenant tous ses efforts pour ouvrir de nouveaux marchés jusque dans les régions les plus éloignées, parce qu'elle sent qu'elle pourrait déjà fournir aux besoins d'un autre monde aussi peuplé que la terre.

Au lieu cependant d'agir sur les autres nations pour fournir à leurs besoins, et ainsi, d'après l'état social actuel, de diminuer la valeur de leur travail manuel et de nuire chez elles à leurs classes ouvrières, elle pourrait, avec plus d'avantage pour elle-même et pour ces nations, étendre les connaissances qu'elle a acquises, ou ce nouveau pouvoir productif au reste de l'Europe, à l'Asie, à l'Afrique, à l'Amérique.

Le grand intérêt de la société est d'adopter les mesures pratiques par lesquelles on peut obtenir la plus grande masse de productions utiles, et d'une valeur effective, avec le moins de dépenses et de travail, et avec le plus de bien-être pour les classes employées à les produire.

En appliquant ces principes et cette pratique, maintenant que ce nouveau pouvoir offre à la terre entière un secours aussi illimité, les richesses peuvent être créées dans toutes les parties du globe, dans une proportion plus que suffisante aux besoins et aux jouissances de leurs habitans.

Il est donc évident :

» Que cette période est arrivée où se manifestent d'eux-mêmes les moyens par lesquels, sans violence, sans fraude, sans désordre d'aucune espèce, les richesses peuvent être créées dans une telle abondance, et si avantageusement pour tous, que les besoins et les désirs de tout individu de l'espèce humaine peuvent être plus que satisfaits. »

Ainsi deux hommes, Watt et Arkwright, en introduisant un pouvoir perfectionné par l'application des sciences mécaniques, inconnu jusqu'à eux, ont donné au monde le moyen de créer des richesses plus rapidement qu'elles ne peuvent être employées. Aucun homme exercé à la pratique des arts, doué de la faculté de réfléchir et qui réfléchira sur ce sujet, ne pourra aujourd'hui contester cette conclusion.

La grande question, maintenant, n'est donc pas de savoir comment la masse des richesses nécessaires doit être produite ; mais comment l'excès des richesses qui peuvent être si facilement créées, peut être généralement distribué sur l'ensemble des sociétés humaines de la manière la plus avantageuse pour toutes, sans troubler les institutions ou l'ordre actuel dans aucune contrée.

DEUXIÈME PARTIE.

Développement préliminaire du second Résultat général indiqué dans l'Appendix du Mémoire adressé aux Gouvernemens de l'Europe et de l'Amérique.

J'AI établi « que l'époque est arrivée où les principes d'économie politique sont devenus d'une évidence manifeste ; par lesquels, sans désordre, sans violence, sans punition d'aucun genre, la génération qui s'élève peut, avec facilité et avantage pour tous, entourée aujourd'hui par de nouvelles circonstances, être formée aux caractères que l'état social déterminera. Si quelque défaut affecte ces caractères, excepté dans les individus que la nature a rendus indomptables par les moyens humains, la cause ne sera pas dans les individus, mais il faudra l'attribuer à l'inexpérience de ceux qui se chargeront de mettre ces principes, d'une si haute importance, en pratique. »

EXPOSÉ PRÉLIMINAIRE DU PRÉCÉDENT RÉSULTAT.

C'est un fait évident que les enfans sont nés avec certaines qualités ou facultés, ou avec les germes de ces qualités et de ces facultés, et que c'est là ce qui constitue ce qu'on appelle la nature humaine.

Conformément aussi à ce qui parait être un fait universel dans la création, ces qualités et ces facultés diffèrent, dans chaque individu, en force et en combinaisons diverses dans une si immense variété de rapports, qu'il est très-

improbable que jamais deux enfans soient nés ou puissent naître parfaitement
semblables.

C'est encore un fait d'une évidence manifeste à notre raison que, quels que
soient les pouvoirs dont chaque enfant puisse être doué, il ne peut en créer
la moindre partie ; que ces pouvoirs sont formés pour lui par la Providence,
par la Nature, par cette Puissance, quelque nom qu'on lui donne, qui l'a
créé lui-même ; et si ces facultés sont inférieures ou supérieures dans divers
individus, il est contraire à la raison de dire que l'enfant mérite aucun blâme
à cet égard.

Il a reçu sa constitution naturelle comme l'agneau et le tigre ont reçu les
leurs et il y aurait aussi peu de sagesse à blâmer les uns que les autres.

L'enfant naît aussi dans quelques contrées, de parens appartenans à quelques
classes distinctes, ou qui ont elles-mêmes un caractère particulier.

Ces circonstances, quoiquelles ne soient pas observées par des esprits ordi-
naires, ont cependant jusqu'ici déterminé : 1°. si l'enfant est né Juif, disciple
de Confucius, de Juggernat, Chrétien, Mahométan, Sauvage ou même Can-
nibale ; 2°. à quelle contrée il appartiendra, et en conséquence quels seront
les préjugés nationaux dont il sera imbu ;

3°. Quelles seront les notions de sectes diverses qui seront inculquées dans
son esprit ;

4°. Quel sera le langage qu'il apprendra, car le langage a plus d'influence
qu'on ne croit sur le caractère ;

5°. Dans quelle classe il sera élevé ;

6°. Quelles habitudes et notions particulières il recevra de ses parens et de
ceux qui l'entoureront dans son enfance.

L'enfant jusqu'ici a été tellement enveloppé dans ces diverses manières d'exister
qu'il est impossible qu'un seul individu ait pu résister à leur influence ; excepté
à quelques nuances légères près, alors même qu'il pouvait être aidé par les
qualités ou les facultés naturelles qui ont été données aux enfans dans toutes
les parties du monde. Mais maintenant, avec l'expérience que nous avons
acquise, chaque corps social peut entourer les enfans de nouvelles circonstances dans toutes les contrées de la terre, et ces circonstances peuvent rendre
chacun d'eux capable de franchir les barrières si multipliées de l'erreur et
des préjugés.

Il est vrai cependant que le pouvoir social sur les individus n'est pas sans limites, et qu'il ne peut recréer ou changer les qualités ou facultés naturelles dont l'enfant a été doué à sa naissance; il ne peut pas faire que ces qualités soient supérieures, lorsqu'originairement elles ont été données inférieures ; mais le pouvoir obtenu par l'expérience sur la nature humaine peut être appliqué à obtenir tout l'effet qu'on en peut raisonnablement désirer.

Telle est certainement la puissante influence que l'expérience a maintenant donnée à l'ordre social sur la génération qui s'élève, qu'il peut entourer les enfans dès leur naissance avec de nouvelles circonstances qui formeront le corps et l'esprit de chacun d'eux, de telle manière que leurs habitudes, leurs dispositions et leur caractère général seront très-supérieurs aux habitudes, aux dispositions, au caractère général que les circonstances de la naissance avaient jusqu'ici formés pour l'homme dans toutes les parties du monde.

L'enfant peut être aussi, par les mêmes moyens, élevé, placé, employé en rapport avec d'autres et aidé par des pouvoirs mécaniques, chimiques ou dus aux progrès et aux découvertes des sciences et du génie, de manière qu'il pourra créer un surplus de nouvelles richesses ou de prospérité bien supérieur à celles qu'il pourrait vouloir ou désirer pour son propre usage.

C'est dans ces circonstances, jusqu'à ce que la terre entière soit entièrement cultivée et que les mers refusent le supplément de nourriture qu'elles donnent aux hommes, que chaque enfant né dans la classe laborieuse sera un gain important pour la Société.

Ces changemens avantageux peuvent à présent être réalisés avec beaucoup moins de dépenses et de soins qu'il n'en faut pour continuer à suivre les systèmes actuels aussi mauvais que destructeurs.

On doit particulièrement remarquer que ces assertions ne sont pas fondées et établies sur une théorie imaginaire ; mais que j'ai agi sur ces principes pendant plusieurs années ; et que mes résultats pratiques ont excédé mes plus grandes espérances. L'expérience la plus décisive a démontré la grande et incalculable supériorité de la législation réglémentaire des circonstances dont on peut entourer les individus, comparativement au faible système actuel de nos législations ; en supposant que les circonstances n'éprouvent aucun changement. Le dernier mode est sans ressort ; il viole le principe progressif de l'ordre social, fondé sur une loi universelle de la nature.

Quelques personnes mal informées, sans expérience et aveuglées par les préjugés, ont hardiment conclu que mon plan était celui d'un visionnaire sans mis-

sion , qui s'occupait des affaires publiques. Mais lorsque mon système sera
examiné dans les bases mêmes sur lesquelles je lai fondé , on verra qu'il n'en est
pas ainsi. J'ai long-temps été témoin des heureux effets des principes que je
recommande , quoique encore imparfaitement appliqués dans la pratique ,
et par conséquent , je ne puis me défendre de l'ardent désir de les voir généralement admis et en activité dans toutes les contrées où il y a des pauvres, des ignorans , des hommes malheureux et sans emploi.

A New-Lanark, en Écosse, lorsque j'étais contrarié par tous les préjugés de
naissance existans dans cette partie du monde, je me suis, dans le silence et
avec une extrême patience, pendant plusieurs années, occupé à écarter quelques-
unes des anciennes circonstances que je trouvais préjudiciables au bien-être de ma
petite colonie, et d'arranger de nouvelles circonstances ou un nouvel état de
choses, dans lequel 500 ou 600 enfans ou jeunes personnes sont maintenant ,
journellement élevés sans punition ou récompense individuelle d'aucun genre.
Leurs habitudes, leurs dispositions, leur caractère sont reconnus par tous les
étrangers qui les visitent, supérieurs aux habitudes, aux dispositions, au caractère de la même classe observée partout ailleurs.

Environ 1,600 personnes de cette colonie sont journellement occupées, à l'aide
des pouvoirs mécaniques perfectionnés, à faire autant d'ouvrage, d'une manière
plus parfaite, qu'on ne pouvait, il y a quarante ans, dans aucune partie de
l'Écosse, en exécuter du même genre avec 160,000 personnes. Ainsi, maintenant, d'après mes réglemens, et à l'aide de mes nouveaux moyens, une seule
personne fait l'ouvrage de cent.

Quelque extraordinaires que ces faits puissent paraître à ceux qui n'en ont pas
eu connaissance, la société peut maintenant, par de nouveaux arrangemens ,
discipliner, élever et employer les ignorans et les hommes sans moyens des classes
travaillantes, et les placer dans des circonstances ou dans une situation beaucoup
plus avantageuse pour eux et pour le public, qu'il n'a été encore en mon pouvoir de
le faire. J'ai commencé ma tâche sans éducation, sans amis qui pussent me donner
quelque assistance, sans fortune, et j'ai été contrarié, pendant tout le temps qu'a
exigé la formation de mon établissement, par les notions erronées généralement
reçues.

Si donc un individu d'une capacité ordinaire, ainsi placé, a pu créer un pareil établissement, et seulement parce qu'il était dirigé par des principes vrais et
en parfaite harmonie avec la nature, combien plus ne pourra pas faire, dans le

même temps ; pour l'avantage et le perfectionnement de la société, un seul individu ainsi dirigé, s'il a eu de la nature des talens supérieurs, s'il a reçu une
bonne éducation, s'il a des amis puissans et une fortune suffisante pour lui donner
les moyens de mettre en pratique les connaissances qu'il réunira avec toutes les
circonstances nécessaires, et en prenant l'agriculture, au lieu dés manufactures,
pour base de ses établissemens ? Et combien plus n'obtiendrait-on pas dans la
même période, pour l'avantage permanent de toutes les classes, si, au lieu d'un
individu, la société entière était dirigée et agissait d'après ces principes fondés
sur la nature et ses lois.

D'après cet exposé, ce n'est certainement pas trop de dire que la période est arrivée où les principes de la science de l'économie politique sont devenus manifestes,
d'après lesquels, sans injustice envers la géuération qui s'élève dans la classe ouvrière,
on peut facilement, et pour l'avantage de tous, l'entourer de nouvelles circonstances qui détermineront le caractère qu'il convient à l'ordre social de lui donner,
et que si ensuite ce caractère paraît affecté de quelques défauts, excepté ceux que
la nature a rendus incorrigibles par les moyens humains, la cause ne devra plus en
être attribuée aux individus, mais seulement à l'inexpérience et à la maladresse
de ceux qui se chargeront de mettre ces grands et évidens principes en
pratique.

TROISIÈME PARTIE.

*Exposé préliminaire du troisième Résultat général indiqué dans la
conclusion de l'Appendix au Mémoire adressé aux Gouvernemens
de l'Europe et de l'Amérique.*

J'ai établi dans ce résultat : « Qu'il est de l'intérêt général, et qu'il sera bientôt
évident qu'il est de l'intérêt de chaque individu, dans tous les rangs, dans toutes
les contrées, que des mesures judicieuses et sages soient prises, sans le moindre
délai, pour assurer dans la pratique les avantages résultans du système que
j'ai proposé. Il est cependant extrêmement à désirer que ce système soit mis
en action avec un assentiment général, graduellement, avec modération, pour
qu'aucune partie du corps politique, aucun individu ne souffrent du changement
qui doit nécessairement en résulter. »

DÉVELOPPEMENT GÉNÉRAL ET PRÉLIMINAIRE DE CE QUI PRÉCÈDE.

Dans le développement du premi·r résultat général, j'ai démontré qu'on a découvert et mis en action les moyens par lesquels une grande accumulation de richesses s'est opérée, et que par l'extension des nouveaux pouvoirs que le génie et les sciences ont ainsi mis en action, les richesses peuvent s'accroître au-delà de toutes limites déterminées.

Dans le développement du deuxième résultat général, j'ai démontré que les principes de la science de l'économie politique sont devenus manifestes d'après lesquels, sans désordre, sans violence, sans punition d'aucun genre, la génération qui s'élève peut être entourée par un cercle de circonstances nouvelles qui pourront lui donner le caractère que l'ordre social doit déterminer.

Dans l'état actuel des choses, dans toutes les contrées la masse du peuple obtient sa subsistance par la valeur ..nale de son travail, valeur qui s'élève ou s'abaisse d'après le principe ord·..re du commerce, de l'abondance et de la demande.

Ce système remplit son objet à un degré assez convenable lorsque les articles de consommation sont particulièrement produits par le travail manuel; mais on a vu que dans ces derniers tems, un pouvoir de production, illimité dans ses effets pour tout ce qui peut être consommé, a été introduit et à déjà créé une disproportion remarquable entre la demande et le produit, fourni par le travail manuel, et que cette disproportion dans ses progrès journaliers, mal dirigés, va en s'accroissant.

Aussi long-temps cependant que le travail manuel continuera à être ainsi déprécié, la masse du peuple qui n'obtient sa subsistance que de cette source, doit être entraînée dans la pauvreté et dans la misère, tandis que le plus petit nombre d'individus, à peine un sur 1,000 qui, dans la population de la terre, peuvent avoir en leur possesion une suffisante quantité de richesses accumulées, verrait bientôt aussi leur aisance et leur bonheur cruellement détruits. Ils seraient continuellement exposés à l'attaque des passions, du besoin, du désespoir, qui naîtraient d'un état de société aussi déplorable.

Il n'est certainement pas possible qu'avec les connaissances répandues aujourd'hui sur la terre qui s'accroissent chaque jour, un pareil état social puisse long-tems exister; la force de la résistance, les connaissances, l'intérêt d'un côté, reudraient bientôt la résistance inutile, et la folie de se livrer à un pareil combat serait bien sévèrement éprouvée.

On ne peut donc pas un seul instant douter qu'il est de l'intérêt de chaque individu, de tout rang et dans toutes les contrées, que des mesures judicieuses soient incessamment adoptées pour mettre en pratique les moyens préservateurs que j'ai indiqués.

On ne peut pas douter davantage qu'avec le rapide accroissement des connaissances dans plusieurs parties de l'Europe et de l'Amérique, l'époque ne peut pas être éloignée où il *paraîtra* évident qu'il est de l'intérêt de tous que les améliorations que je propose soient immédiatement effectuées.

J'ai ainsi donné les développemens préliminaires des trois résultats généraux indiqués dans l'appendix du Mémoire que j'ai soumis aux Gouvernemens de l'Europe et de l'Amérique.

Je soumets ces développemens au Congrès, pour *le convaincre :*

Que j'ai une expérience longue et certaine sur les importans objets que je lui présente ; que je les ai examinés dans leurs bases fondamentales, et que, d'après cette importante étude ; je peux maintenant affirmer que toutes les contrées de la terre ont les moyens, et que plusieurs de ces contrées en ont de très-grands pour donner à leurs habitans les richesses nécessaires, les bonnes habitudes, l'instruction et l'intelligence qui leur sont utiles ;

Que les mesures pratiques pour effectuer ces importans objets sont inconnues aux gouvernemens et aux peuples, et qu'autrement, si ces avantages immenses étaient reconnus par tous, on les mettrait immédiatement en usage ;

Que je désire de développer ces mesures dans leurs détails les plus exacts au Congrès et aux Gouvernemens de l'Europe et de l'Amérique ;

Que je puis entreprendre, dans l'état actuel des choses, de commencer à diriger ces changemens qui peuvent seuls préserver l'ordre social des maux imminens du système actuel que l'expérience prouve être tellement fécond en erreurs, en incertitudes, en misères, que chacun s'écrie : *Il faut faire quelque chose*, sans que personne essaie d'exprimer *ce qu'il faut faire ;*

Que je désire du fond de mon cœur de déterminer les gouvernemens et les peuples à prendre ces mesures, qu'il est facile de prouver maintenant *devoir être mises en pratique ;*

Que j'ai cru cependant jusqu'ici ne pas devoir publier indiscrètement ces con-naissances, afin d'éviter qu'on ne voulût agir d'après elles pour égarer le peuple, et avec trop de précipitation pour son propre intérêt ; il faut, pour son avantage, qu'il n'en use qu'avec calme et sagesse, sans vouloir l'appliquer au détriment d'aucune classe, d'aucun parti, d'aucun individu. Cette période cependant, par plusieurs raisons, se prépare et s'avance rapidement ; mais elle doit être patiem-ment attendue.

Je n'ai eu aucun objet d'intérêt particulier quelconque dans les mesures dont je me suis si long-tems occupé, et pour lesquelles j'ai dépensé des sommes considé-rables en expériences, ou d'autre manière ; je n'ai eu d'autre objet que l'intérêt public.

Je ne demande rien, je n'ai besoin de rien, je ne crains rien des gouvernemens et des peuples. Avant d'avoir fait un pas dans cette carrière, « j'ai mis ma vie dans mes mains », et tout objet personnel est pour moi, « comme une plume dans la balance ». Comparé au bien immense que je suis convaincu devoir résulter pour le genre humain du système que je propose ; l'ardent désir d'obtenir cette amé-lioration, est le seul motif qui dirige ma conduite.

Cependant, pour parvenir à ce but dans tout son ensemble et toute son étendue, il faut que les esprits soient rendus capables de franchir les barrières multipliées de l'erreur et des préjugés, qui, joints aux circonstances depuis la naissance de cha-que individu, les ont tous enchaînés jusqu'à présent. En un mot, l'esprit des hommes doit être discipliné et instruit pour un nouveau système d'éducation de-puis l'enfance sur ce principe, que le caractère de l'homme a été et doit être formé pour lui.

Dans ces circonstances et d'après ces observations, qui sans doute ne sont pas d'une nature ordinaire, je propose que les Pouvoirs alliés nomment une Commis-sion pour examiner elle-même, sur les lieux, les effets produits à New-Lanark par une application faible même et défectueuse encore des principes mis en pra-tique, que je recommande ; et aussi pour observer dans tous ses détails l'ensemble des établissemens et des règlemens, dont, sous diverses modifications, je propose l'adoption dans toutes les contrées, afin que cette Commission rapporte ensuite son opinion au Congrès lorsqu'il se rassemblera de nouveau : assemblée qui devient aujourd'hui du plus haut intérêt pour l'Europe et pour la terre entière.

C'est la première époque favorable dans l'histoire des hommes qui se présente aujourd'hui d'elle-même au Congrès pour établir un système de paix permanente, de conservation et de charité dans le sens le plus étendu et le plus vrai, et enfin pour arrêter ce système de guerre et de destruction, (de presque tous les maux qui résultent chez les hommes, des opinions inhumaines produites uniquement chez eux par les circonstances et l'état de choses où leur naissance les a placés.

Aix-la-Chapelle, 22 octobre 1818.

De l'Imprimerie de NOUZOU, rue de Cléry, n°. 9, à Paris.